Reservations

20

Date___/___/20___

Name	Time	Table	People	Phone	Notes

Date ___ / ___ /20 ___

Name	Time	Table	People	Phone	Notes

Date ___ / ___ /20___

Name	Time	Table	People	Phone	Notes

Date ___/___/20___

Name	Time	Table	People	Phone	Notes

Date ___ / ___ /20 ___

Name	Time	Table	People	Phone	Notes

Date ___/___/20___

Name	Time	Table	People	Phone	Notes

Date____/____/20____

Name	Time	Table	People	Phone	Notes

Date ___ / ___ /20 ___

Name	Time	Table	People	Phone	Notes

Date ___ / ___ /20 ___

Name	Time	Table	People	Phone	Notes

Date ___ / ___ /20 ___

Name	Time	Table	People	Phone	Notes

Date ___ / ___ /20___

Name	Time	Table	People	Phone	Notes

Date ___/___/20___

Name	Time	Table	People	Phone	Notes

Date ___ / ___ /20 ___

Name	Time	Table	People	Phone	Notes

Date___/___/20___

Name	Time	Table	People	Phone	Notes

Date ___/___/20___

Name	Time	Table	People	Phone	Notes

Date ___ / ___ /20 ___

Name	Time	Table	People	Phone	Notes

Date ___/___/20___

Name	Time	Table	People	Phone	Notes

Date ___ / ___ /20 ___

Name	Time	Table	People	Phone	Notes

Date ___ / ___ /20 ___

Name	Time	Table	People	Phone	Notes

Date ___ / ___ /20___

Name	Time	Table	People	Phone	Notes

Date ___ / ___ /20 ___

Name	Time	Table	People	Phone	Notes

Date ___ / ___ /20 ___

Name	Time	Table	People	Phone	Notes

Date ___ / ___ /20 ___

Name	Time	Table	People	Phone	Notes

Date ___ / ___ /20 ___

Name	Time	Table	People	Phone	Notes

Date ___/___/20___

Name	Time	Table	People	Phone	Notes

Date ___ / ___ /20 ___

Name	Time	Table	People	Phone	Notes

Date ___/___/20___

Name	Time	Table	People	Phone	Notes

Date ___/___/20___

Name	Time	Table	People	Phone	Notes

Date ___ / ___ /20___

Name	Time	Table	People	Phone	Notes

Date___ / ___ /20___

Name	Time	Table	People	Phone	Notes

Date___/___/20___

Name	Time	Table	People	Phone	Notes

Date ___/___/20___

Name	Time	Table	People	Phone	Notes

Date ___ / ___ /20 ___

Name	Time	Table	People	Phone	Notes

Date ___ / ___ /20 ___

Name	Time	Table	People	Phone	Notes

Date ___ / ___ /20 ___

Name	Time	Table	People	Phone	Notes

Date___/___/20___

Name	Time	Table	People	Phone	Notes

Date ___ / ___ /20 ___

Name	Time	Table	People	Phone	Notes

Date ___ / ___ /20 ___

Name	Time	Table	People	Phone	Notes

Date ___/___/20___

Name	Time	Table	People	Phone	Notes

Date____/____/20____

Name	Time	Table	People	Phone	Notes

Date ___ / ___ /20 ___

Name	Time	Table	People	Phone	Notes

Date ___ / ___ /20 ___

Name	Time	Table	People	Phone	Notes

Date ___ / ___ /20 ___

Name	Time	Table	People	Phone	Notes

Date ___ / ___ /20 ___

Name	Time	Table	People	Phone	Notes

Date ___ / ___ /20 ___

Name	Time	Table	People	Phone	Notes

Date ___ / ___ / 20 ___

Name	Time	Table	People	Phone	Notes

Date___/___/20___

Name	Time	Table	People	Phone	Notes

Date ___ / ___ /20 ___

Name	Time	Table	People	Phone	Notes

Date ___ / ___ /20 ___

Name	Time	Table	People	Phone	Notes

Date___/___/20___

Name	Time	Table	People	Phone	Notes

Date ___/___/20___

Name	Time	Table	People	Phone	Notes

Date ___ / ___ /20 ___

Name	Time	Table	People	Phone	Notes

Date ___/___/20___

Name	Time	Table	People	Phone	Notes

Date ___ / ___ /20 ___

Name	Time	Table	People	Phone	Notes

Date ___/___/20___

Name	Time	Table	People	Phone	Notes

Date ___ / ___ /20 ___

Name	Time	Table	People	Phone	Notes

Date ___ / ___ /20 ___

Name	Time	Table	People	Phone	Notes

Date ___ / ___ /20 ___

Name	Time	Table	People	Phone	Notes

Date___/___/20___

Name	Time	Table	People	Phone	Notes

Date ___ / ___ /20 ___

Name	Time	Table	People	Phone	Notes

Date ___ / ___ /20 ___

Name	Time	Table	People	Phone	Notes

Date ___/___/20___

Name	Time	Table	People	Phone	Notes

Date ___ / ___ /20 ___

Name	Time	Table	People	Phone	Notes

Date____/____/20____

Name	Time	Table	People	Phone	Notes

Date ___ / ___ /20___

Name	Time	Table	People	Phone	Notes

Date____/____/20____

Name	Time	Table	People	Phone	Notes

Date ___ / ___ /20 ___

Name	Time	Table	People	Phone	Notes

Date ___ / ___ /20 ___

Name	Time	Table	People	Phone	Notes

Date ___/___/20___

Name	Time	Table	People	Phone	Notes

Date ___ / ___ /20 ___

Name	Time	Table	People	Phone	Notes

Date ___/___/20___

Name	Time	Table	People	Phone	Notes

Date___ / ___/20___

Name	Time	Table	People	Phone	Notes

Date ___ / ___ /20 ___

Name	Time	Table	People	Phone	Notes

Date ___ / ___ /20 ___

Name	Time	Table	People	Phone	Notes

Date ___ / ___ /20 ___

Name	Time	Table	People	Phone	Notes

Date ___ / ___ /20 ___

Name	Time	Table	People	Phone	Notes

Date ___/___/20___

Name	Time	Table	People	Phone	Notes

Date ___ / ___ /20___

Name	Time	Table	People	Phone	Notes

Date___/___/20___

Name	Time	Table	People	Phone	Notes

Date ___ / ___ /20 ___

Name	Time	Table	People	Phone	Notes

Date ___ / ___ /20 ___

Name	Time	Table	People	Phone	Notes

Date___/___/20___

Name	Time	Table	People	Phone	Notes

Date ___ / ___ /20 ___

Name	Time	Table	People	Phone	Notes

Date ___ /___ /20___

Name	Time	Table	People	Phone	Notes

Date ___/___/20___

Name	Time	Table	People	Phone	Notes

Date ___ / ___ /20___

Name	Time	Table	People	Phone	Notes

Date ___ / ___ /20 ___

Name	Time	Table	People	Phone	Notes

Date ___ / ___ /20 ___

Name	Time	Table	People	Phone	Notes

Date ___ / ___ /20 ___

Name	Time	Table	People	Phone	Notes

Date___/___/20___

Name	Time	Table	People	Phone	Notes

Date ___ / ___ /20 ___

Name	Time	Table	People	Phone	Notes

Date ___ / ___ /20 ___

Name	Time	Table	People	Phone	Notes

Date ___/___/20___

Name	Time	Table	People	Phone	Notes

Date ___ / ___ /20 ___

Name	Time	Table	People	Phone	Notes

Date ___/___/20___

Name	Time	Table	People	Phone	Notes

Date ___ / ___ /20 ___

Name	Time	Table	People	Phone	Notes

Date ___/___/20___

Name	Time	Table	People	Phone	Notes

Date ___ / ___ /20___

Name	Time	Table	People	Phone	Notes

Date ___/___/20___

Name	Time	Table	People	Phone	Notes

Date ___ / ___ /20 ___

Name	Time	Table	People	Phone	Notes

Date ___ / ___ /20 ___

Name	Time	Table	People	Phone	Notes

Date ___ / ___ /20 ___

Name	Time	Table	People	Phone	Notes

Date___/___/20___

Name	Time	Table	People	Phone	Notes

Date ___ / ___ /20 ___

Name	Time	Table	People	Phone	Notes

Date ___ / ___ /20 ___

Name	Time	Table	People	Phone	Notes

Date ___ / ___ /20 ___

Name	Time	Table	People	Phone	Notes

Date___/___/20___

Name	Time	Table	People	Phone	Notes

Date____/____/20____

Name	Time	Table	People	Phone	Notes

Date ___/___/20___

Name	Time	Table	People	Phone	Notes

Impressum: Ann-Christin Reichelt , Salzmarktstr. 24, 38899 Hasselfelde

Date ___ / ___ /20 ___

Name	Time	Table	People	Phone	Notes

Date ___ / ___ /20 ___

Name	Time	Table	People	Phone	Notes

Date ___/___/20___

Name	Time	Table	People	Phone	Notes

Date ___/___/20___

Name	Time	Table	People	Phone	Notes

Date ___/___/20___

Name	Time	Table	People	Phone	Notes

Date___/___/20___

Name	Time	Table	People	Phone	Notes

Date ___ / ___ /20 ___

Name	Time	Table	People	Phone	Notes

Date ___ / ___ /20 ___

Name	Time	Table	People	Phone	Notes

Date ___ / ___ /20 ___

Name	Time	Table	People	Phone	Notes

Date ___ / ___ /20 ___

Name	Time	Table	People	Phone	Notes

Date ___/___/20___

Name	Time	Table	People	Phone	Notes

Date ___ / ___ /20 ___

Name	Time	Table	People	Phone	Notes

Date ___ / ___ /20 ___

Name	Time	Table	People	Phone	Notes

Date ___ / ___ /20 ___

Name	Time	Table	People	Phone	Notes

Date ___ / ___ /20 ___

Name	Time	Table	People	Phone	Notes

Date ___ / ___ /20 ___

Name	Time	Table	People	Phone	Notes

Date ___ / ___ /20 ___

Name	Time	Table	People	Phone	Notes

Date ___/___/20___

Name	Time	Table	People	Phone	Notes

Date ___ / ___ /20___

Name	Time	Table	People	Phone	Notes

Date ___ / ___ /20 ___

Name	Time	Table	People	Phone	Notes

Date ___ / ___ /20 ___

Name	Time	Table	People	Phone	Notes

Date ___/___/20___

Name	Time	Table	People	Phone	Notes

Date___/___/20___

Name	Time	Table	People	Phone	Notes

Date __ / __ /20 __

Name	Time	Table	People	Phone	Notes

Date ___ / ___ /20___

Name	Time	Table	People	Phone	Notes

Date ___ / ___ /20 ___

Name	Time	Table	People	Phone	Notes

Date ___ / ___ /20___

Name	Time	Table	People	Phone	Notes

Date ___ / ___ /20___

Name	Time	Table	People	Phone	Notes

Date ___ / ___ /20 ___

Name	Time	Table	People	Phone	Notes

Date___/___/20___

Name	Time	Table	People	Phone	Notes

Date ___ / ___ /20 ___

Name	Time	Table	People	Phone	Notes

Date __/__/20__

Name	Time	Table	People	Phone	Notes

Date ___ / ___ /20 ___

Name	Time	Table	People	Phone	Notes

Date ___/___/20___

Name	Time	Table	People	Phone	Notes

Date ___ / ___ /20___

Name	Time	Table	People	Phone	Notes

Date____/____/20____

Name	Time	Table	People	Phone	Notes

Date ___ / ___ /20 ___

Name	Time	Table	People	Phone	Notes

Date ___ / ___ /20___

Name	Time	Table	People	Phone	Notes

Date ___/___/20___

Name	Time	Table	People	Phone	Notes

Date ___ / ___ /20 ___

Name	Time	Table	People	Phone	Notes

Date ___ / ___ /20 ___

Name	Time	Table	People	Phone	Notes

Date ___ / ___ /20 ___

Name	Time	Table	People	Phone	Notes

Date ___/___/20___

Name	Time	Table	People	Phone	Notes

Date ___ / ___ /20 ___

Name	Time	Table	People	Phone	Notes

Date ___/___/20___

Name	Time	Table	People	Phone	Notes

Date ___/___/20___

Name	Time	Table	People	Phone	Notes

Date ___ / ___ /20 ___

Name	Time	Table	People	Phone	Notes

Date ___/___/20___

Name	Time	Table	People	Phone	Notes

Date ___ / ___ /20 ___

Name	Time	Table	People	Phone	Notes

Date ___/___/20___

Name	Time	Table	People	Phone	Notes

Date ___ / ___ /20___

Name	Time	Table	People	Phone	Notes

Date ___ / ___ /20___

Name	Time	Table	People	Phone	Notes

Date ___/___/20___

Name	Time	Table	People	Phone	Notes

Date ___ / ___ /20___

Name	Time	Table	People	Phone	Notes

Date ___/___/20___

Name	Time	Table	People	Phone	Notes

Date ___ / ___ /20 ___

Name	Time	Table	People	Phone	Notes

Date ___ / ___ /20 ___

Name	Time	Table	People	Phone	Notes

Date___/___/20___

Name	Time	Table	People	Phone	Notes

Date ___ / ___ /20___

Name	Time	Table	People	Phone	Notes

Date ___ / ___ /20 ___

Name	Time	Table	People	Phone	Notes

Date ___ / ___ /20 ___

Name	Time	Table	People	Phone	Notes

Date ___ / ___ /20___

Name	Time	Table	People	Phone	Notes

Date ___/___/20___

Name	Time	Table	People	Phone	Notes

Date __/__/20__

Name	Time	Table	People	Phone	Notes

Date ___ / ___ /20 ___

Name	Time	Table	People	Phone	Notes

Date ___ / ___ /20 ___

Name	Time	Table	People	Phone	Notes

Date ___ / ___ /20___

Name	Time	Table	People	Phone	Notes

Date ___ / ___ /20 ___

Name	Time	Table	People	Phone	Notes

Date___ /___ /20___

Name	Time	Table	People	Phone	Notes

Date ___ / ___ /20 ___

Name	Time	Table	People	Phone	Notes

Date___/___/20___

Name	Time	Table	People	Phone	Notes

Date ___/___/20___

Name	Time	Table	People	Phone	Notes

Date ___ / ___ /20 ___

Name	Time	Table	People	Phone	Notes

Date___/___/20___

Name	Time	Table	People	Phone	Notes

Date ___ / ___ /20 ___

Name	Time	Table	People	Phone	Notes

Date ___ / ___ /20 ___

Name	Time	Table	People	Phone	Notes

Date ___ / ___ /20 ___

Name	Time	Table	People	Phone	Notes

Date ___/___/20___

Name	Time	Table	People	Phone	Notes

Date___/___/20___

Name	Time	Table	People	Phone	Notes

Date ___ / ___ /20 ___

Name	Time	Table	People	Phone	Notes

Date ___ / ___ /20___

Name	Time	Table	People	Phone	Notes

Date ___ / ___ /20 ___

Name	Time	Table	People	Phone	Notes

Date ___/___/20___

Name	Time	Table	People	Phone	Notes

Date ___/___/20___

Name	Time	Table	People	Phone	Notes

Date ___ / ___ /20___

Name	Time	Table	People	Phone	Notes

Date ___ / ___ /20 ___

Name	Time	Table	People	Phone	Notes

Date___/___/20___

Name	Time	Table	People	Phone	Notes

Date ___/___/20___

Name	Time	Table	People	Phone	Notes

Date ___ / ___ /20___

Name	Time	Table	People	Phone	Notes

Date ___/___/20___

Name	Time	Table	People	Phone	Notes

Date ___ / ___ /20 ___

Name	Time	Table	People	Phone	Notes

Date ___/___/20___

Name	Time	Table	People	Phone	Notes

Date ___ / ___ /20 ___

Name	Time	Table	People	Phone	Notes

Date ___/___/20___

Name	Time	Table	People	Phone	Notes

Date ___ / ___ /20 ___

Name	Time	Table	People	Phone	Notes

Date ___/___/20___

Name	Time	Table	People	Phone	Notes

Date ___ / ___ /20 ___

Name	Time	Table	People	Phone	Notes

Date ___ / ___ /20 ___

Name	Time	Table	People	Phone	Notes

Date ___ / ___ /20 ___

Name	Time	Table	People	Phone	Notes

Date __ / __ /20 __

Name	Time	Table	People	Phone	Notes

Date ___ / ___ /20 ___

Name	Time	Table	People	Phone	Notes

Date ___ / ___ /20___

Name	Time	Table	People	Phone	Notes

Date ___/___/20___

Name	Time	Table	People	Phone	Notes

Date ___/___/20___

Name	Time	Table	People	Phone	Notes

Date ___/___/20___

Name	Time	Table	People	Phone	Notes

Date ___/___/20___

Name	Time	Table	People	Phone	Notes

Date ___/___/20___

Name	Time	Table	People	Phone	Notes

Date___/___/20___

Name	Time	Table	People	Phone	Notes

Date___/___/20___

Name	Time	Table	People	Phone	Notes

Date ___/___/20___

Name	Time	Table	People	Phone	Notes

Date ___ / ___ /20 ___

Name	Time	Table	People	Phone	Notes

Date ___/___/20___

Name	Time	Table	People	Phone	Notes

Date ___ / ___ /20 ___

Name	Time	Table	People	Phone	Notes

Date ___ / ___ /20___

Name	Time	Table	People	Phone	Notes

Date ___ / ___ /20 ___

Name	Time	Table	People	Phone	Notes

Date ___ / ___ / 20 ___

Name	Time	Table	People	Phone	Notes

Date ___ / ___ /20 ___

Name	Time	Table	People	Phone	Notes

Date___/___/20___

Name	Time	Table	People	Phone	Notes

Date ___ / ___ /20 ___

Name	Time	Table	People	Phone	Notes

Date ___ / ___ /20 ___

Name	Time	Table	People	Phone	Notes

Date ___ / ___ /20 ___

Name	Time	Table	People	Phone	Notes

Date ___ / ___ /20___

Name	Time	Table	People	Phone	Notes

Date ___ / ___ /20 ___

Name	Time	Table	People	Phone	Notes

Date ___ / ___ /20 ___

Name	Time	Table	People	Phone	Notes

Date ___ / ___ /20___

Name	Time	Table	People	Phone	Notes

Date ___ / ___ /20___

Name	Time	Table	People	Phone	Notes

Date ___ / ___ /20 ___

Name	Time	Table	People	Phone	Notes

Date ___/___/20___

Name	Time	Table	People	Phone	Notes

Date ___/___/20___

Name	Time	Table	People	Phone	Notes

Date __/__/20__

Name	Time	Table	People	Phone	Notes

Date ___ / ___ /20 ___

Name	Time	Table	People	Phone	Notes

Date ___/___/20___

Name	Time	Table	People	Phone	Notes

Date ___ / ___ /20 ___

Name	Time	Table	People	Phone	Notes

Date ___ / ___ /20___

Name	Time	Table	People	Phone	Notes

Date ___/___/20___

Name	Time	Table	People	Phone	Notes

Date ___ / ___ /20 ___

Name	Time	Table	People	Phone	Notes

Date ___ / ___ /20 ___

Name	Time	Table	People	Phone	Notes

Date ___/___/20___

Name	Time	Table	People	Phone	Notes

Date ___ / ___ /20 ___

Name	Time	Table	People	Phone	Notes

Date ___/___/20___

Name	Time	Table	People	Phone	Notes

Date ___ / ___ /20 ___

Name	Time	Table	People	Phone	Notes

Date ___/___/20___

Name	Time	Table	People	Phone	Notes

Date ___ / ___ /20 ___

Name	Time	Table	People	Phone	Notes

Date ___ / ___ /20 ___

Name	Time	Table	People	Phone	Notes

Date ___ / ___ /20 ___

Name	Time	Table	People	Phone	Notes

Date ___/___/20___

Name	Time	Table	People	Phone	Notes

Date ___/___/20___

Name	Time	Table	People	Phone	Notes

Date __/__/20__

Name	Time	Table	People	Phone	Notes

Date ___ / ___ /20 ___

Name	Time	Table	People	Phone	Notes

Date ___/___/20___

Name	Time	Table	People	Phone	Notes

Date ___/___/20___

Name	Time	Table	People	Phone	Notes

Date ___ / ___ /20 ___

Name	Time	Table	People	Phone	Notes

Date ___ / ___ /20 ___

Name	Time	Table	People	Phone	Notes

Date ___/___/20___

Name	Time	Table	People	Phone	Notes

Date ___/___/20___

Name	Time	Table	People	Phone	Notes

Date ___ / ___ /20 ___

Name	Time	Table	People	Phone	Notes

Date ___ / ___ /20___

Name	Time	Table	People	Phone	Notes

Date___/___/20___

Name	Time	Table	People	Phone	Notes

Date ___ / ___ /20 ___

Name	Time	Table	People	Phone	Notes

Date ___ / ___ /20 ___

Name	Time	Table	People	Phone	Notes

Date ___ / ___ /20 ___

Name	Time	Table	People	Phone	Notes

Date ___ / ___ /20 ___

Name	Time	Table	People	Phone	Notes

Date ___/___/20___

Name	Time	Table	People	Phone	Notes

Date ___ / ___ /20 ___

Name	Time	Table	People	Phone	Notes

Date ___ / ___ /20 ___

Name	Time	Table	People	Phone	Notes

Date ___ / ___ /20 ___

Name	Time	Table	People	Phone	Notes

Date ___/___/20___

Name	Time	Table	People	Phone	Notes

Date ___/___/20___

Name	Time	Table	People	Phone	Notes

Date ___/___/20___

Name	Time	Table	People	Phone	Notes

Date ___/___/20___

Name	Time	Table	People	Phone	Notes

Date ___ / ___ /20 ___

Name	Time	Table	People	Phone	Notes

Date ___ / ___ /20___

Name	Time	Table	People	Phone	Notes

Date___/___/20___

Name	Time	Table	People	Phone	Notes

Date ___ / ___ /20 ___

Name	Time	Table	People	Phone	Notes

Date ___ / ___ /20 ___

Name	Time	Table	People	Phone	Notes

Date ___/___/20___

Name	Time	Table	People	Phone	Notes

Date ___ / ___ /20 ___

Name	Time	Table	People	Phone	Notes

Date ___ / ___ /20 ___

Name	Time	Table	People	Phone	Notes

Date ___ / ___ /20___

Name	Time	Table	People	Phone	Notes

Date ___ / ___ /20 ___

Name	Time	Table	People	Phone	Notes

Date ___ / ___ /20 ___

Name	Time	Table	People	Phone	Notes

Date ___ / ___ /20 ___

Name	Time	Table	People	Phone	Notes

Date ___ / ___ /20 ___

Name	Time	Table	People	Phone	Notes

Date ___ / ___ /20 ___

Name	Time	Table	People	Phone	Notes

Date ___ / ___ /20 ___

Name	Time	Table	People	Phone	Notes

Date ___/___/20___

Name	Time	Table	People	Phone	Notes

Date ___/___/20___

Name	Time	Table	People	Phone	Notes

Date ___ / ___ /20 ___

Name	Time	Table	People	Phone	Notes

Date ___ / ___ /20 ___

Name	Time	Table	People	Phone	Notes

Date ___ / ___ /20___

Name	Time	Table	People	Phone	Notes

Date ___ / ___ /20 ___

Name	Time	Table	People	Phone	Notes

Date ___/___/20___

Name	Time	Table	People	Phone	Notes

Date___/___/20___

Name	Time	Table	People	Phone	Notes

Date ___/___/20___

Name	Time	Table	People	Phone	Notes

Date ___/___/20___

Name	Time	Table	People	Phone	Notes

Date ___ / ___ /20 ___

Name	Time	Table	People	Phone	Notes

Date ___ / ___ /20 ___

Name	Time	Table	People	Phone	Notes

Date ___/___/20___

Name	Time	Table	People	Phone	Notes

Date ___ / ___ /20 ___

Name	Time	Table	People	Phone	Notes

Date___/___/20___

Name	Time	Table	People	Phone	Notes

Date ___ / ___ /20 ___

Name	Time	Table	People	Phone	Notes

Date ___/___/20___

Name	Time	Table	People	Phone	Notes

Date ___/___/20___

Name	Time	Table	People	Phone	Notes

Date ___/___/20___

Name	Time	Table	People	Phone	Notes

Date ___ / ___ /20 ___

Name	Time	Table	People	Phone	Notes

Date ___ / ___ /20 ___

Name	Time	Table	People	Phone	Notes

Date ___ / ___ /20 ___

Name	Time	Table	People	Phone	Notes

Date ___ / ___ /20 ___

Name	Time	Table	People	Phone	Notes

Date ___ / ___ /20 ___

Name	Time	Table	People	Phone	Notes

Date ___/___/20___

Name	Time	Table	People	Phone	Notes

Date ___/___/20___

Name	Time	Table	People	Phone	Notes

Date____/____/20____

Name	Time	Table	People	Phone	Notes

Date ___ / ___ /20 ___

Name	Time	Table	People	Phone	Notes

Date ___/___/20___

Name	Time	Table	People	Phone	Notes

Date___ /___ /20___

Name	Time	Table	People	Phone	Notes

Date ___/___/20___

Name	Time	Table	People	Phone	Notes

Date___/___/20___

Name	Time	Table	People	Phone	Notes

Date __/__/20__

Name	Time	Table	People	Phone	Notes

Date ___ / ___ /20 ___

Name	Time	Table	People	Phone	Notes

Date ___/___/20___

Name	Time	Table	People	Phone	Notes

Date ___ / ___ /20 ___

Name	Time	Table	People	Phone	Notes

Date ___ / ___ /20 ___

Name	Time	Table	People	Phone	Notes

Date ___/___/20___

Name	Time	Table	People	Phone	Notes

Date ___ / ___ /20 ___

Name	Time	Table	People	Phone	Notes

Date ___ / ___ /20 ___

Name	Time	Table	People	Phone	Notes

Date ___ / ___ /20 ___

Name	Time	Table	People	Phone	Notes

Date ___ / ___ /20 ___

Name	Time	Table	People	Phone	Notes

Date ___ / ___ /20___

Name	Time	Table	People	Phone	Notes

Date ___ / ___ /20 ___

Name	Time	Table	People	Phone	Notes

Date ___ / ___ /20 ___

Name	Time	Table	People	Phone	Notes

Date ___ / ___ /20 ___

Name	Time	Table	People	Phone	Notes

Date __ / __ /20 __

Name	Time	Table	People	Phone	Notes

Date ___ / ___ /20 ___

Name	Time	Table	People	Phone	Notes

Date ___/___/20___

Name	Time	Table	People	Phone	Notes

Date ___/___/20___

Name	Time	Table	People	Phone	Notes

Date ___/___/20___

Name	Time	Table	People	Phone	Notes

Date ___ / ___ /20 ___

Name	Time	Table	People	Phone	Notes

Date ___ / ___ /20___

Name	Time	Table	People	Phone	Notes

Date ___ / ___ /20 ___

Name	Time	Table	People	Phone	Notes

Date ___ / ___ /20___

Name	Time	Table	People	Phone	Notes

Date ___ / ___ /20___

Name	Time	Table	People	Phone	Notes

Date ___/___/20___

Name	Time	Table	People	Phone	Notes

Date ___ / ___ /20 ___

Name	Time	Table	People	Phone	Notes

Date ___ / ___ /20 ___

Name	Time	Table	People	Phone	Notes

Date ___ / ___ /20 ___

Name	Time	Table	People	Phone	Notes

Date ___ / ___ /20___

Name	Time	Table	People	Phone	Notes

Date ___ / ___ /20 ___

Name	Time	Table	People	Phone	Notes

Date ___ / ___ /20 ___

Name	Time	Table	People	Phone	Notes

Date ___ / ___ /20 ___

Name	Time	Table	People	Phone	Notes

Date ___/___/20___

Name	Time	Table	People	Phone	Notes

Date ___ / ___ /20 ___

Name	Time	Table	People	Phone	Notes

Date ___ / ___ /20 ___

Name	Time	Table	People	Phone	Notes

Date ___ / ___ /20___

Name	Time	Table	People	Phone	Notes

Date ___/___/20___

Name	Time	Table	People	Phone	Notes

Date ___/___/20___

Name	Time	Table	People	Phone	Notes

Date ___/___/20___

Name	Time	Table	People	Phone	Notes